CASAMENTO **FORTALECIDO**

Direção geral: Fábio Gonçalves Vieira
Organização e preparação: Mariana Bastos
Revisão: Thuâny de Fátima Simões Ferreira dos Santos
Capa: Viviane Otake
Diagramação: Bruno Castro

Este livro segue as regras da Nova Ortografia da Língua Portuguesa.

Editora Canção Nova
Rua João Paulo II, s/n – Alto da Bela Vista
12 630-000 Cachoeira Paulista – SP
Tel.: [55] (12) 3186-2600
E-mail: editora@cancaonova.com
loja.cancaonova.com
Twitter: @editoracn

ISBN: 978-85-7677-819-6

CLETO COELHO E CARLA ASTUTI

CASAMENTO **FORTALECIDO**

SEXUALIDADE É FONTE DE ALEGRIA E DE PRAZER

AMOR, SEXO E DIÁLOGO

Canção Nova
EDITORA

Aprendi com o meu amigo,
professor Felipe Aquino:

"O que tem valor não é conquistar uma nova mulher a cada dia, mas conquistar a mesma todos os dias... O marido inteligente conquista sua esposa todos os dias".

CLETO

Sumário

Parte III – Sexualidade

Parte IV – Hierarquia de valores

A MULHER DE VALOR

Em 2007, nas vésperas de completar dez anos de vida matrimonial, fiz uma avaliação de como eu tinha sido ao longo desse período – o meu respeito e a minha atenção para com a minha esposa. Essa reflexão me fez tocar na pérola preciosa que ela é. Não foi da minha cabeça que extrai os valores que relato abaixo, mas sim da Bíblia.

"São muitas as mulheres de valor, mas tu ultrapassaste a todas! O encanto é enganador e a beleza passageira; a mulher que teme ao Senhor, essa sim, merece elogios!" (Provérbios 31,29-30).

Enquanto eu fui lendo a Bíblia, algumas palavras se destacavam aos meus olhos e tocavam o meu coração, então eu grifava uma a uma e as anotava em uma folha de papel. Escrevo aqui o resultado da minha avaliação:

Encontrei a mulher de valor, a minha pérola preciosa,
mais valiosa do que qualquer quantidade de joias

encontradas nos garimpos. Confio plenamente nessa mulher, uma confiança que não se compra, mas se conquista. A confiança é o melhor remédio contra o ciúme. Ela me proporciona alegria e tem aumentado o meu contentamento de estar ao seu lado. Mulher que tem a graça da fortaleza, que mesmo nos momentos de enfermidade é forte, uma dignidade que brilha .

Carla, minha amada, quero sempre valorizá-la e elogiá-la, mais que isso, quero fazê-la sorrir cada vez mais. De tempos em tempos, venho me atualizando sobre o que eu preciso fazer para que o nosso relacionamento seja constantemente agradável. Amo você!

Seu esposo,
Cleto Coelho

Prefácio

Conheço este casal, Carla e Cleto, há muitos anos; eu os vi chegar aqui na Canção Nova. Cada um veio de um lugar: ela, de Brasília; e ele, de Londrina. Aqui Deus os uniu na missão de evangelizar e também pelo matrimônio, um desígnio de Deus. Ambos têm cooperado, cada um do seu modo, com o trabalho de evangelização da Canção Nova através da mídia. Aqui, além do berço cristão de cada um, eles puderam amadurecer o sentido profundo do matrimônio e da família, sob a orientação sábia e douta do Mons. Jonas Abib – eles são seus filhos espirituais e possuem uma formação muito bem estruturada. Aqui, neste livro, eles passam a repartir tudo o que aprenderam e viveram.

O Cleto, com sua maneira muito simples e espontânea, já lançou dois livros: *Tem Jeito!* e *Pra Frente!*. Ambos retratam muito bem a simplicidade com que ele trabalha com o povo, evangelizando-o de maneira forte e, ao mesmo tempo, clara e de fácil entendimento. Para isso, ele utiliza muitos exemplos de sua própria vida, antes e depois da conversão, e de sua vida consagrada.

Cleto atua na TV Canção Nova de maneira natural, colocando para o público a fé da Igreja, a esperança de uma vida nova e o Amor de Deus, que supera toda dor e lágrima.

A Carla também sempre atuou na TV. Hoje ela é diretora artística da TV Canção Nova e participou comigo, por muitos anos, do programa "Trocando Ideias", tendo sido, inclusive, apresentadora desse programa, onde teve a oportunidade de se deparar com os mais graves problemas de relacionamento dos casais. Carla é uma estudiosa dessas questões e tem um conhecimento profundo sobre elas.

Depois de dezenove anos de casados, e muito mais de vida missionária, eles agora escrevem este interessante livro sobre o casamento, dando uma ênfase especial na necessidade do diálogo, do amor conjugal e da harmonia sexual do casal. Aqui eles utilizam, com muita propriedade, os ensinamentos fundamentais do Papa São João Paulo II sobre a "teologia do corpo", mostrando toda a beleza do sexo e a sua importância na vida do casal como fonte de alegria e de prazer legítimos e necessários.

Tudo foi escrito de maneira original, sempre espelhado em suas próprias vidas. Eles não escrevem uma teoria, mas sim uma realidade possível e bela de ser vivida por qualquer casal que se dispõe a seguir a vontade de Deus. A base de tudo isso é uma vida em Deus, o relacionamento com Ele e a confiança em Sua presença na vida do casal e da família.

Jesus foi às Bodas de Caná para abençoar aquele casamento, aquela família que ali começava, e ali "manifestou a sua glória" (João 2). Ele quis entrar em nossa história pela porta da família, quis ter uma família, mostrando-nos, assim, a importância que ela tem no plano de Deus.

Hoje a família é ameaçada de muitas formas, por isso este livro se torna muito importante para muitos casais que precisam entender que o casamento não é uma "curtição a dois", mas uma missão sagrada no desígnio de Deus para a humanidade.

Um ponto bem abordado pelos autores e fundamental para todo casal é manter vivo o projeto inicial da união de ambos, desde que decidiram construir uma vida a dois, não deixando a monotonia, os desentendimentos e os problemas conjugais fazerem esfriar o relacionamento e morrer o amor conjugal. Nesse ponto entra a percepção de que Deus é quem os uniu e, portanto, Ele é o mais interessado na felicidade do casal e da família.

Todo casal precisa, de certa forma, restaurar algo que está "quebrado" na vida conjugal, pois eles não são anjos imaculados, mas sim pessoas de carne e de osso, com sentimentos, crises, problemas, angústias etc. Mas tudo isso pode ser enfrentado e resolvido com a fé em Deus e com amor.

Carla e Cleto mostram como recomeçar um relacionamento estremecido e afetado por problemas conjugais de todas as ordens, sem nunca desanimar.

Um alerta fundamental que eles deixam neste livro é que o casal precisa cultivar uma escala de valores, buscando, sobretudo nas virtudes, a felicidade que não se acaba com os problemas da vida. Sem isso não pode haver a bela harmonia conjugal e sexual.

Nosso Catecismo diz que "os filhos são o dom mais excelente do Matrimônio e contribuem grandemente para o bem dos próprios pais" (n. 1652). Carla e Cleto têm três belos filhos e não deixam de mostrar a beleza de tê-los e educá-los para Deus e para o céu. Essa é a missão mais nobre que Deus nos deu. Eles são um projeto de Deus realizado pelos casais.

Que Deus abençoe este casal e todos que lerem este livro. Que ele sirva não apenas para o bem dos casais, mas também para que eles se engajem na defesa do matrimônio e da família, como Deus assim desejou.

Prof. Felipe Aquino
Lorena, julho de 2016

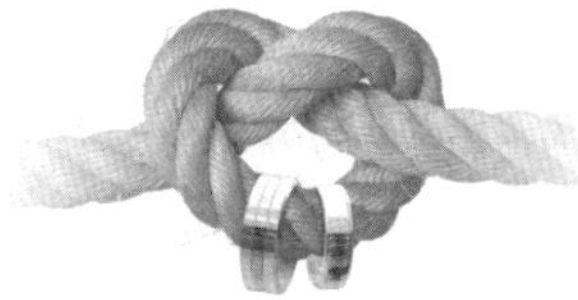

Nós lutamos por uma causa: o casamento e a família!

Casamo-nos em 1997 e temos três filhos: Rebeca, Davi e Sofia. Eles são frutos da nossa união sexual. Há uns dez anos, dentre os vários assuntos que partilhamos, um tema se destaca: conversar sobre o sexo.

O diálogo entre o casal sobre sexo *precisa* acontecer, pois, assim, eles se sentirão mais seguros ao falar desse assunto com seus filhos e desenvolverão essa partilha a partir dos seus aspectos positivos – da beleza, do respeito e do seu verdadeiro significado. Esse assunto precisa ser comunicado mais abertamente entre o casal, entre os filhos, entre os professores; enfim, é preciso que esse tabu, preconceito e proibição sejam superados, deixando claro, acima de tudo, que Deus criou o homem e a mulher para o amor.

"O leitor simplesmente não existiria sem a união sexual dos seus pais – e dos seus avós, antes deles, e dos pais destes, antes daqueles... Cada ser humano é o resultado final de milhares de milhares de uniões sexuais indispensáveis. Bastaria retirar uma só união sexual da sua árvore genealógica, para que o leitor nunca chegasse a existir, nem qualquer outra pessoa que descenda dessa união. O mundo seria um lugar diferente..."
(São João Paulo II – Teologia do Corpo)

Mesmo em meio a esse turbilhão de informações que deformam e desfiguram o significado do sexo, podemos dizer que somos uma geração privilegiada, pois também existem conteúdos que podem nos auxiliar.

Nunca tivemos tantas informações como nos dias de hoje, por isso recuperar o significado do sexo é um desafio necessário a ser enfrentado. Hoje o sexo é tratado de maneira vulgar por novelas, filmes, músicas, programas de auditório, revistas e internet. Por isso, ajudar a compreender e a viver a sexualidade no seu significado verdadeiro é a nossa missão.

Para o bem da vida humana e da sociedade, é necessário que diversas causas sejam abrangidas, pois cada uma delas tem a sua importância. Muitos lutam por árvores, água, clima, tartarugas, agricultura, pecuária, educação, saúde, moradia, transporte e segurança; enfim, poderíamos citar muitas outras causas importantes. Parabéns para cada pessoa que luta por uma causa. Pensar é bom e faz bem, preocupar-se com o meio ambiente significa pensar na vida humana, pois somos nós, seres humanos, que usufruímos de toda a criação de Deus. Mas, se não tiver a continuidade da procriação humana, quem irá desfrutar do amanhã?

Uma reportagem na televisão nos chamou a atenção: "a Arca de Noé das plantas". Cientistas criaram um depósito com sementes do mundo para assegurar o futuro do planeta no caso de catástrofes. É um banco de sementes que funciona como uma "Arca de Noé das plantas". Depósitos como esse podem garantir o futuro da produção agrícola diante de guerras e das mudanças climáticas.

Outra iniciativa também nos chama a atenção: as gravuras de bichos estampadas nas cédulas do dinheiro brasileiro nos fazem pensar na extinção dessas espécies.

Mas quem defenderá o casamento e a família – projetos de Deus com valor eterno –, para que ambos não sejam exterminados? Dificilmente veremos nas cédulas de dinheiro o retrato de uma família ou de um feto. Com urgência, as mídias sociais, os governos e cada cidadão precisam refletir sobre o valor da família e o valor do feto, para que eles não entrem em *extinção.*

A palavra extinção significa *extermínio, desaparecimento completo de uma espécie animal ou vegetal, destruição definitiva de algo ou alguém.* O que será da humanidade se o casamento e a família forem extintos?

"Estamos a utilizar mal e a abusar do grande dom do sexo que Deus nos concedeu. Não se enganem:

em última análise, o debate do aborto não tem a ver com o momento em que a vida começa; tem a ver com o significado do sexo. Aquilo que a maior parte dos homens e das mulheres que lutam em prol do aborto querem não é tanto o direito a matar os seus filhos, mas o direito de ter relações sexuais sem restrições (vínculos) nem consequências (resultados)... Se queremos construir uma cultura de vida, a tarefa a empreender no século XXI deverá ser recuperá-la".
(São João Paulo II – Teologia do Corpo)

Nós lutamos por uma causa: o casamento e a família! A sociedade do amanhã brota do hoje, brota do agora. Desejamos que este livro contribua para a sua vida. Boa leitura!

Cleto e Carla

PARTE I

DEUS ACIMA DE TUDO

É ESSENCIAL VIVER
A CONFIANÇA EM DEUS!

Relacionamento com Deus

"O homem só se entende a partir de Deus e só quando vive na relação com Deus é que a sua vida é correta. Se ser homem significa essencialmente esta relação com Deus, então se torna claro que isso engloba falar com Deus e escutá-lo."
(Bento XVI – Jesus de Nazaré)

Antes de tudo, precisamos, em primeiro lugar, desenvolver uma relação com Deus. Esse direcionamento será sempre necessário em nossa vida. Conforme o nosso relacionamento com Deus cresce, vamos nos conhecendo cada vez mais e melhorias vão acontecendo. Esse relacionamento vai se tornando uma comunhão e desenvolvemos a nossa vida em conjunto com a trindade – o Pai, o Filho e o Espírito Santo.

Durante a travessia da vida, o nosso sentir, o nosso pensar e o nosso agir entram em harmonia com a vontade de Deus. É sempre bom lembrar que é um processo individual e gradativo. Esse relacionamento com Deus gera no nosso coração o desejo de, cada vez mais, vivermos uma vida correta. Percebemos, então, que nossas escolhas não são mais como eram antes. Não dá para viver na superficialidade com Deus, é preciso atingir profundidade.

Quando entendemos que desenvolver esse relacionamento com Deus faz bem para a nossa própria vida, em todos os aspectos, essa relação passa a ser uma prioridade. Escolher que Deus esteja em primeiro lugar na minha vida é fundamental. Falar com Deus e escutá-Lo exige treinamento. No começo parece estranho, mas depois se torna um hábito.

Esse relacionamento com Deus nos ajuda a discernir a Sua vontade para nossa vida e nos possibilita diferenciar o que é vontade de Deus e o que é vontade pessoal. Com essa clareza, ficamos diante do dom da liberdade para decidirmos pela vontade de Deus ou pela nossa vontade própria.

Viver desse jeito significa colocar Deus em primeiro lugar, em outras palavras: Deus acima de tudo!

Como o casal pode viver esse relacionamento com Deus em conjunto?

É engano o casal pensar que está isento do veneno do individualismo e que ser uma só carne e morar debaixo do mesmo teto significa estar protegido do egoísmo. *Cuidado!*

O casamento também é afetado pelo ensinamento que valoriza o "eu mesmo", então, marido e mulher correm o risco de viverem exclusivamente para si. Um dos efeitos quando se desenvolve um relacionamento com Deus é olhar para o próximo e não se fechar em si mesmo, é a dilatação do coração para o outro.

Relacionar-se com Deus faz com que os cônjuges pensem como casal e não de maneira individual. Isso pode até parecer contraditório, mas a proximidade com Deus nos faz entender mais sobre nós mesmos e sobre o outro. Apesar de nossas individualidades, somos capazes de viver, juntos, olhando para a *mesma direção!*

A oração que Jesus ensinou para os discípulos diz Pai Nosso e não Pai Meu. É tão lindo e tão profundo quando, através da oração pessoal, o próprio Deus desperta no coração do casal o desejo de rezarem juntos. O casal precisa viver mais próximo um do outro por meio da oração, assim desenvolvem o relacionamento conjugal pela linguagem do *nosso* e não do *meu*. Fortalecido em Deus, o casal vence o egocentrismo, o exclusivismo, e passa a considerar os interesses coletivos. Isso é cristianismo.

Alinhados sempre

É uma prática normal fazer alinhamento e balanceamento no nosso carro. Isso garante a segurança e estabilidade do veículo. Um carro necessita de revisões periódicas, mas, por vários motivos, deixamos para outro dia, para outro mês e protelamos.

Marido e mulher não podem adiar o balanceamento do seu casamento. Alinhar a vida a dois é um desafio no casamento, pois, durante o tempo de solteiro, dirigimos a nossa vida na estrada do eu: o meu sonho, o meu gosto, a minha conta bancária. No casamento é necessário ter comunhão na direção de vida que o casal deseja seguir. Antes de tudo, o casal precisa estar alinhado com Deus, que é o eixo da vida humana, senão os problemas, as responsabilidades diárias, as contas a pagar, a rotina e o trabalho se tornam razões para adiarem o relacionamento conjugal com Deus; afinal, esse é o foco principal.

Organizar a vida a dois exige partilha e união, num primeiro momento pode parecer difícil, mas, quando ambos estão dispostos a viver desse jeito, experimentam a estabilidade na relação conjugal. Esse alinhamento se realiza no momento em que marido e mulher se deixam alinhar por Deus na cultura do *nosso*.

Sempre ressaltando que não é "obrigatório" que o casal reze junto! Claro, se for possível, ótimo! Mas cada um pode ter a sua espiritualidade e seu horário próprio. O importante é que o foco seja o mesmo e que partilhem as inspirações colhidas nesses momentos.

Confiança em Deus

É necessário sempre retomar este ensinamento de Jesus na vida pessoal, na vida conjugal e na vida familiar:

> Não ajunteis tesouros aqui na terra, onde a traça e a ferrugem destroem e os ladrões assaltam e roubam. Ao contrário, ajuntai para vós tesouros no céu, onde a traça e a ferrugem não destroem, nem os ladrões assaltam e roubam. Pois onde estiver o teu tesouro, aí estará também o teu coração.
>
> A lâmpada do corpo é o olho: se teu olho for simples, ficarás todo cheio de luz. Mas se teu olho for ruim, ficarás todo em trevas. Se, pois, a luz em ti é trevas, quão grandes serão as trevas! Ninguém pode servir a dois senhores: ou vai odiar o primeiro e amar o outro, ou aderir ao primeiro e desprezar o outro. Não podeis servir a Deus e ao Dinheiro! Por isso, eu vos digo: não vivais preocupados com o que comer ou beber, quanto à vossa vida; nem com o que vestir, quanto ao vosso corpo.
>
> Afinal, a vida não é mais que o alimento, e o corpo, mais que a roupa? Olhai os pássaros do céu: não semeiam, não colhem, nem guardam em celeiros. No entanto, o vosso Pai celeste os alimenta. Será que vós não valeis mais do que eles? Quem de vós pode, com sua preocupação, acrescentar um só dia à duração de sua vida? E

> por que ficar tão preocupados com a roupa? Olhai como crescem os lírios do campo. Não trabalham, nem fiam. No entanto, eu vos digo, nem Salomão, em toda a sua glória, jamais se vestiu como um só dentre eles. Ora, se Deus veste assim a erva do campo, que hoje está aí e amanhã é lançada ao forno, não fará ele muito mais por vós, gente fraca de fé?
>
> Portanto, não vivais preocupados, dizendo: Que vamos comer? Que vamos beber? Como nos vamos vestir? Os pagãos é que vivem procurando todas essas coisas. Vosso Pai que está nos céus sabe que precisais de tudo isso. Buscai em primeiro lugar o Reino de Deus e a sua justiça, e todas essas coisas vos serão dadas por acréscimo. Portanto, não vos preocupeis com o dia de amanhã, pois o dia de amanhã terá sua própria preocupação! A cada dia basta o seu mal (Mateus 6,19-34).

Ao longo dos dias e diante das situações, outras coisas podem se tornar o centro da nossa vida. É engano pensarmos que Jesus ensina a despreocupar-se. Ele nos orienta a mudar o foco: a nossa confiança precisa estar centralizada em Deus.

Pensar que as riquezas são o ponto de apoio para a existência nos faz acreditar que não somos necessitados do maior valor que é Deus. É prudente e sensato fazer uma previsão econômica sem excesso, mas empreender a vida acumulando coisas, pensando somente na vida terrena, sem pensar nos valores do céu, mostra onde está centralizado o nosso coração; portanto, cada valor precisa estar no seu devido lugar.

Precisamos cuidar sempre do nosso olhar porque a inveja entra pelo olho. Ora o nosso olhar é bom, ora é mau; ora é um olhar generoso, ora é um olhar mesquinho. O olhar bom ilumina toda a pessoa, o olhar mau deixa a pessoa às cegas. O olhar simples enxerga brilhantemente e faz a pessoa ter um olhar generoso.

Quando o nosso coração vai se harmonizando com o Pai do céu, que ensina a dar, cresce em nós a generosidade. O dinheiro, em muitos momentos, se levanta como o deus da nossa vida. Ele pode gerar em nós o desejo excessivo pelo poder e bens materiais. Não podemos nos deixar encantar pelo deus dinheiro; ao contrário, precisamos aderir Àquele que está acima de tudo. É preciso ter cuidado para não ser possuído pelos bens e desejos, o melhor jeito para não se confundir é olhar para o Deus verdadeiro, que é o doador generoso.

Diante dos propósitos que fazemos, um ideal de vida é essencial: a confiança em Deus!

PARTE II
MARIDO E MULHER

O BEIJO DEVE MARCAR TODA A VIDA DO CASAL

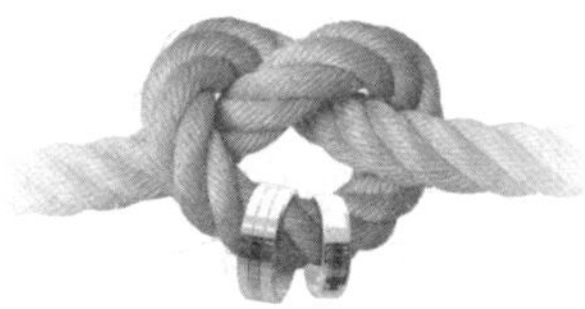

OLHAR PARA O PROJETO INICIAL

ESTAMOS DIANTE DE UMA sociedade que, a todo o momento, deseja alterar o modelo natural do casamento e da família, ela quer modificar o modelo original que foi apresentado desde o princípio. A dureza no coração do homem e da mulher é o obstáculo que impede a compreensão da vontade de Deus sobre o matrimônio.

O casamento e a família são projetos de Deus. Mas como proteger esse projeto? A melhor maneira para proteger o seu casamento é *olhar para a vontade de Deus.* Foi isso que Jesus fez quando Lhe questionaram sobre a separação e o adultério: Ele defendeu e protegeu o projeto inicial do casamento.

Jesus olhou para a origem, o começo, o ponto de partida (Gênesis 2,24). Foi Deus quem quis a família assim: pai, mãe e filhos. Foi nesse modelo de casamento e família que Deus pensou (Gênesis 1,28).

> Alguns fariseus aproximaram-se de Jesus e, para experimentá-lo, perguntaram: É permitido ao homem despedir sua mulher por qual-

quer motivo? Ele respondeu: Nunca lestes que o Criador, desde o princípio, os fez homem e mulher e disse: Por isso, o homem deixará pai e mãe e se unirá à sua mulher, e os dois formarão uma só carne? De modo que eles já não são dois, mas uma só carne. Portanto, o que Deus uniu, o homem não separe.

Perguntaram: Como então Moisés mandou dar atestado de divórcio e despedir a mulher? Jesus respondeu: Moisés permitiu despedir a mulher, por causa da dureza do vosso coração. Mas não foi assim desde o princípio. Ora, eu vos digo: quem despede sua mulher – fora o caso de união ilícita – e se casa com outra, comete adultério (Mateus 19, 3-9).

É de responsabilidade do casal proteger o seu casamento olhando para o projeto original e fundamentando-se em *princípios e valores cristãos.*

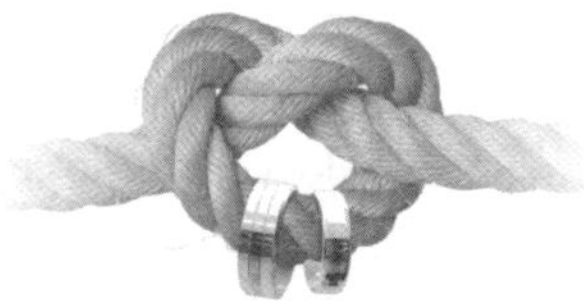

Deus quer restaurar o seu casamento

O inimigo de Deus não pode destruí-Lo, mas tem como meta destruir a família. Marido e mulher precisam ter consciência de que o seu casamento é alvo do inimigo de Deus.

A Sagrada Escritura nos ajuda a entender quem é o nosso inimigo. O casal precisa compreender que o desgaste pessoal que acontece entre os dois é uma coisa e a realidade espiritual é outra. Esse entendimento contribui muito para a vida do casal. Além dos limites que ambos têm, a Bíblia convida o casal a olhar também para este outro combate: a luta contra o mal. Por isso, marido e mulher devem sempre olhar além.

> Enfim, fortalecei-vos no Senhor, no poder de sua força; revesti-vos da armadura de Deus, para que possais resistir às ciladas do diabo. Pois a nossa luta não é contra o sangue e a carne, mas contra os principados, as potestades, os dominadores deste mundo tenebroso, os espíritos malignos espalhados pelo espaço. Por isso,

> protegei-vos com a armadura de Deus, a fim de que possais resistir no dia mau, e assim, empregando todos os meios, continueis firmes. Ficai, pois, de prontidão, tendo a verdade como cinturão, a justiça como couraça e os pés calçados com o zelo em anunciar a Boa-Nova da paz. Em todas as circunstâncias, empunhai o escudo da fé, com o qual podereis apagar todas as flechas incendiadas do Maligno. Enfim, ponde o capacete da salvação e empunhai a espada do Espírito, que é a palavra de Deus (Efésios 6,10-17).

No dicionário a palavra cilada significa *maquinação, armadilha, emboscada*. O Diabo, vinte e quatro horas do dia, está organizando ciladas para acertar o alvo: o seu casamento, a sua família. Ele quer arruinar a sua casa.

O casal não pode, de maneira alguma, fechar os olhos para essa realidade espiritual. Contudo, muito mais do que ficar olhando para o inimigo, é essencial olhar para Deus. Se de um lado existe o inimigo que quer destruir, do outro lado temos Deus, que deseja todos os dias restaurar o seu casamento.

Os cônjuges precisam analisar: quais são os perigos que ameaçam a vida do casal? Qual é a bomba que precisa ser desarmada para não explodir com o seu casamento? Fazendo essas perguntas, o casal estará protegendo o seu matrimônio.

O melhor jeito para salvar o seu casamento é tomar a decisão de cortar o mal pela raiz.

Pelo fato de o casal possuir histórias diferentes, *a comunicação entre eles é indispensável,* pois esclarece necessidades, ideais, opiniões, desejos e pontos de vista. Chegar ao equilíbrio de tudo isso é um exercício que exige paciência, autocontrole e, acima de tudo, a vontade de construir juntos essa relação. Uma linda briga de amor precisa acontecer entre o casal. O que não pode acontecer é um desistir do outro.

Eu e minha esposa atendemos casais que nos procuram para pedir ajuda: ora é a mulher que procura, ora é o homem, ora são os dois. Por várias vezes já escutamos essa afirmação: *o amor acabou!* No primeiro momento, parece que não tem mais jeito. A impressão que se tem é que o verbo amar não existe mais, que não dá para continuar do jeito que está, então, a única solução que o casal enxerga é a separação.

Nesses momentos, é preciso entender: o amor humano esgota, o ser humano é limitado! Antes de se decidir pela separação, vale a pena refletir que a relação do casal se desgasta. Isso é normal. É como aquela garrafa de água que está dentro da geladeira, mas está vazia. Várias pessoas beberam e ninguém repôs. Enquanto alguém não se decide abastecê-la, a garrafa fica vazia, mas a água existe.

Com o passar dos dias e dos tempos, ambos vão se desgastando, se consumindo, se cansando, e nesse ponto parece que esvaziou o amor. Deus é a fonte inesgotável de amor incondicional, no qual marido e mulher precisam se abastecer desse amor verdadeiro. Portanto, existe dentro de você o Amor de Deus que não se acaba. Cuidado com a cultura do descarte.

O Amor de Deus não desiste de ninguém, não desiste de nenhuma pessoa. O casal precisa nutrir no coração uma confiança total na Misericórdia de Deus, confiar em Sua presença e ação em sua história, confiar que Jesus está com eles e pode intervir. O casal deve, ao invés de falar: "Aqui termina a nossa viagem a dois", dizer: "Vamos unidos porque juntos somos um".

Animar os casais para não acabar com o seu casamento é sempre o nosso objetivo. É possível resgatar e proteger o amor um pelo outro. Por isso a necessidade de buscar sempre o cuidado e a proteção de Deus. Jesus pode transformar corações. O seu casamento tem jeito!

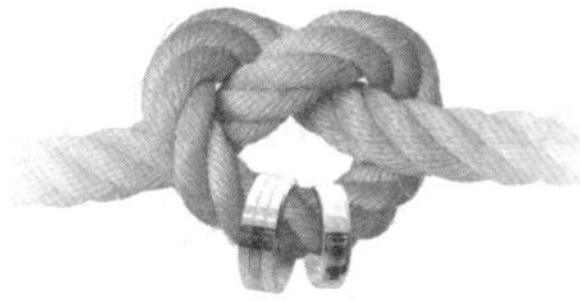

A CULTURA DO DESCARTE

É ADMIRÁVEL A RAPIDEZ COM que acontece a atualização dos celulares. Em um prazo curto de tempo, surgem vários lançamentos, e sempre um modelo mais top. Com essa ação, a indústria provoca nas pessoas o desejo de comprar e trocar, a vontade de ter um novo modelo, pois esse lançamento é mais veloz, tem novos recursos e versões mais avançadas; enfim, é o celular mais top do momento. Para algumas pessoas é necessário ter essa modernização; para outras, é consumismo, mas, na verdade, estamos diante da cultura do descarte.

O casal precisa tomar cuidado para não deixar que a cultura do descartável venha para dentro do seu relacionamento; pelo contrário, o esposo e a esposa devem projetar um ideal: envelhecer juntos. Para levar em frente esse propósito, será necessário cuidar e apoiar um ao outro sempre. Com o passar do tempo, a relação dos cônjuges não pode cair num desleixo, portanto, é bom que o marido e a mulher cuidem do visual. Ambos devem se cuidar e cuidar do próprio corpo, do próprio asseio. Ambos devem valorizar a sua beleza.

Assim, o vínculo conjugal se fortalece e desperta no outro um olhar de admiração. O casamento precisa desse toque de cuidado, ambos devem encantar um ao outro; afinal, estão casados, mas é importante enamorar.

O significado da palavra enamorar é *atrair, cativar, conquistar*. Desse jeito os cônjuges se protegem contra a cultura do descarte, que diz para você trocar de parceiro. O casal deve estar consciente de que, conforme o tempo passa, eles não são como eram antes – corpo malhado e rostinho de jovem –, mas optam por cuidar um do outro até o fim.

No jogo de baralho faz parte o ato de descartar, porém o casamento não é um jogo em que você descarta a pessoa com quem foi feito um compromisso de viver por uma vida toda, não é um jogo que diz: se der certo, deu; se não der, eu descarto. O casamento é um ato realizado diante de testemunhas, em que um homem e uma mulher prometem construir uma família. Colocar de lado alguém que você havia aceitado com o seu sim é abandonar um projeto grande, portanto, descartar da sua vida o seu cônjuge é desistir de uma missão.

A cultura do descarte está aí, nas mãos de muita gente. Como exemplo temos o copo plástico descartável: a gente usa, amassa e joga fora. Cuidado, "o encanto é enganador e a beleza passageira", então, não rejeite o ideal de envelhecer juntos! Este é o desafio: não descartar, mas dar qualidade ao relacionamento dia após dia. O envelhecer aqui pode ser traduzido em "crescer" juntos.

SEMPRE É TEMPO PARA RECOMEÇAR... POR ONDE COMEÇAR?

As mulheres sejam submissas a seus maridos, como ao Senhor, pois o marido é o chefe da mulher, como Cristo é o chefe da Igreja, seu corpo, da qual ele é o Salvador.

Ora, assim como a Igreja é submissa a Cristo, assim também o sejam em tudo as mulheres a seus maridos. Maridos, amai as vossas mulheres, como Cristo amou a Igreja e se entregou por ela, para santificá-la, purificando-a pela água do batismo com a palavra, para apresentá-la a si mesmo toda gloriosa, sem mácula, sem ruga, sem qualquer outro defeito semelhante, mas santa e irrepreensível. Assim os maridos devem amar as suas mulheres, como a seu próprio corpo. Quem ama a sua mulher, ama-se a si mesmo.

Certamente, ninguém jamais aborreceu a sua própria carne; ao contrário, cada qual a alimenta e a trata, como Cristo faz à sua Igreja – porque somos membros de seu corpo. Por isso, o homem deixará pai e mãe e se unirá à sua mulher, e os dois constituirão uma só carne (Efésios 5,22-31).

RESGATAR O BEIJO QUE foi dado no dia do casamento é um bom caminho para recomeçar. Em todas as circunstâncias o casal precisa recordar as palavras pronunciadas no dia do casamento. Elas são palavras valiosas, portanto, é necessário resgatá-las ao longo da vida conjugal.

Ambos se aceitaram dizendo: "*Eu te recebo e prometo ser fiel, amar-te e respeitar-te na alegria e na tristeza, na saúde e na doença, todos os dias da nossa vida*". Após a bênção das alianças, colocaram-na e falaram: "*Recebe esta aliança em sinal do meu amor e da minha fidelidade*". Houve o consentimento das duas partes e se beijaram. Este beijo deve marcar toda a vida do casal, pois é uma maneira para renovar e proteger o amor um pelo outro.

Eu faço com frequência este gesto: olho para a minha aliança que está no meu dedo esquerdo, beijo-a e falo: "Eu te amo, Carla, você é o meu único amor e sempre será!". Assim, vou nutrindo no meu coração o meu amor pela minha esposa. É um bom jeito para resgatar sempre o compromisso de fidelidade que fiz no dia do casamento.

O casamento é a união de duas histórias. O homem e a mulher, ao tomarem a decisão de se casar, no profundo de seu coração, desejam viver uma vida correta um para com o outro. A partir do momento que decidem dar o passo para o casamento, três verbos vão acompanhar essa escolha: deixar, unir e formar. Esse tripé ajuda o casal a sempre recomeçar.

- Deixar: ao deixarem a casa de seus pais, esperam um do outro atitudes verdadeiras, sensatas e prudentes.

- Unir: homem e mulher, unidos, querem acertar no seu jeito de ser um com o outro, já não são dois, e sim uma só carne.

- Formar: casam-se por amor, aceitam ter filhos e formar uma família.

O que você deixou para se unir com a pessoa que escolheu?

Cada um, quando deixa a casa dos pais, traz consigo a sua história pessoal, que muitas vezes é diferente da história do outro. São histórias que trazem lições de vida e precisam ser compreendidas: cultura, costumes, vícios, valores morais, valores de fé, o jeito de pensar, de fazer e de viver.

São lições boas e ruins que se somam. O casamento é a união de duas histórias, portanto, é importante que os dois olhem para a mesma direção. Eu e minha esposa estamos a cada dia aprendendo a viver o matrimônio. Nesses anos de casados, aprendemos que vale a pena ter um método que nos ajude na vivência desse projeto.

O dia a dia do casal é corrido e cheio de atividades, por isso, é essencial ter um método para não perder o foco. Este tripé – fidelidade, procriação e educação –, apresentado pelo Catecismo da Igreja Católica, é um método que tem direcionado o nosso casamento.

- Fidelidade: o casal precisa sempre resgatar o beijo que foi dado no altar, olhar um para o outro e dizer: "recebe esta aliança em sinal do meu amor e da minha fidelidade".

- Procriação: marido e mulher aceitam os filhos que Deus enviar.

- Educação: os pais se empenham em educar os filhos com valores morais e cristãos.

Quando o casal estabelece o casamento como um projeto grande, os dois, marido e mulher, ficam atentos ao somatório de coisas que podem desestruturar esse projeto.

É triste ver que as palavras que foram pronunciadas no dia do casamento, tão valiosas, vão se perdendo no caminho, perdendo o seu valor. Por isso, nenhum outro projeto pode se tornar mais valioso que o seu casamento.

O casal deve olhar para o casamento como o maior projeto de vida, conscientes de que a família não vive somente de céu claro e tempo bom, mas também de ventos e tempestades. Eleger o casamento como um projeto grande significa que é necessário ter um bom alicerce para aguentar firme essa construção. Esse alicerce precisa ter três elementos fundamentais: a fidelidade, a procriação e a educação. Eles serão a espinha dorsal da estrutura familiar.

Mais uma vez lembremos o que Bento XVI diz:

> O homem só se entende a partir de Deus, e só quando vive na relação com Deus é que a sua vida é correta. Se ser homem significa essencialmente esta relação com Deus, então se torna claro que isso engloba falar com Deus e escutá-lo.

Para levar em frente as promessas feitas no dia do casamento, é necessário que marido e mulher tenham um relacionamento com Deus. Esse relacionamento acontece através da oração e do diálogo.

Seja na alegria, seja na tristeza, dialogar é bom e faz bem. O casal não pode esquecer que a construção familiar dura a vida toda. Talvez vocês estejam numa situação que não sabem nem por onde começar, assim, alguns questionamentos devem ser feitos frequentemente.

1. Por que nos unimos?

2. Como está o meu relacionamento com Deus?

3. Como está o meu relacionamento com o meu esposo (a)?

4. Como está a minha vida afetiva e sexual com o meu esposo (a)?

5. Como está o meu relacionamento com os meus filhos?

6. Como está o meu relacionamento com familiares e amigos?

7. Como está a minha vida profissional?

8. Quais são as minhas metas (realizações pessoais e profissionais)?

9. Quero ter filhos?

10. O casamento é o meu maior projeto?

11. Estamos olhando para a mesma direção? Estamos em harmonia?

12. Estamos mais elogiando ou cobrando um ao outro?

13. Estamos mais para acreditar ou para desistir do nosso casamento, da nossa família?

Saber ouvir e perdoar

Dois pontos são essenciais no relacionamento conjugal: saber ouvir e saber perdoar. É preciso parar, prestar atenção e escutar. Muitas vezes nem esperamos o outro acabar de falar e já interpretamos ou imaginamos situações.

O perdão é a chave para um problema. Essa chave tem o papel de abrir ou fechar o coração para o outro. Marido e mulher estão com o coração aberto para dar e receber o perdão?

Na cruz, Jesus perdoou sem colocar condições. Por isso, sempre é tempo de recomeçar, de crescer na fidelidade, no amor e no respeito mútuo.

Você escolheu o seu cônjuge! É preciso resgatar o beijo que foi dado no altar para seguir em frente.

"Este mistério é grande, quero dizer, com referência a Cristo e à Igreja. Em resumo, o que importa é que cada um de vós ame a sua mulher como a si mesmo, e a mulher respeite o seu marido."
(Efésios 5,32-33)

PARTE III

SEXUALIDADE

FONTE DE ALEGRIA E DE PRAZER

Sexualidade: beleza criada por Deus

"Quando separamos o sexo da sua consequência mais natural, perdemos inevitavelmente a nossa bússola moral. É assim o mundo em que vivemos."
(São João Paulo II)

O MUNDO EM QUE VIVEMOS tem apresentado a evolução do mercado sexual. Conforme os dias vão passando, as palavras amor e sexo vão perdendo o seu sentido. Parece que o amor está bagunçado. Por isso, marido e mulher precisam pensar sobre o que estão fazendo com a beleza que Deus criou.

"Se o corpo e o sexo foram criados para proclamar a nossa união com Deus, e se há um inimigo que nos quer separar de Deus, onde é que lhe

parece que ele vai atacar? Se quisermos saber o que há de mais sagrado no mundo, só precisamos de procurar aquilo que é mais violentamente profanado. O inimigo não é tolo. Ele sabe que o corpo e o sexo foram criados para proclamar o mistério divino e, em seu entender, tal proclamação deve ser abafada. Tanto os homens como as mulheres devem ser impedidos de reconhecer o mistério de Deus no seu corpo."
(São João Paulo II – Teologia do corpo)

Deus criou o ser humano, criou o corpo e o sexo, por isso a importância de se deixar guiar pelas orientações de Deus e não pelo o que a mídia apresenta. A sexualidade deve ser vivida do jeito que Deus pensou.

"Os atos com os quais os cônjuges se unem íntima e castamente são honestos e dignos. Quando realizados de maneira verdadeiramente humana, testemunham e desenvolvem a mútua doação pela qual os esposos se enriquecem com o coração alegre e agradecido. A sexualidade é fonte de alegria e de prazer. O próprio Criador... estabeleceu que nesta função (i.é, de geração) os esposos sentissem prazer e satisfação do corpo e do espírito. Portanto os esposos não fazem nada de mal em procurar este prazer e em gozá-lo. Eles aceitam o que o Criador

lhes destinou. Contudo os esposos devem saber manter-se nos limites de uma moderação justa."
(Catecismo da Igreja Católica, 2362)

Ao ler esse texto do Catecismo da Igreja Católica, fizemos a experiência de receber um bilhete de amor: o remetente é o próprio Criador, e nós somos os destinatários.

Esse bilhete cita o casal cinco vezes e traz uma orientação para a relação conjugal e sexual do casal, levando o esposo e a esposa a compreender o duplo sentido do matrimônio: o bem dos cônjuges e a transmissão da vida. Pela união sexual do casal, realizam-se dois significados: *o "unitivo" e o "procriativo"*.

Tratando do unitivo, destacamos cinco pontos:

1. A união sexual de marido e mulher é fonte de bem para ambos, portanto, não deve se tornar angustiante, só para cumprir preceitos; ao contrário, o relacionamento sexual do casal precisa proporcionar cada vez mais o bem dos cônjuges.

2. O casal deve observar a união sexual como uma atitude de mútua doação e não como uma obrigação ou desempenho.

3. Esta frase: *"a sexualidade é fonte de alegria e de prazer"*, para nós, foi a que mais se destacou nesse bilhete de

amor, tanto é que se tornou o subtítulo deste livro. Vimos nessa frase uma inspiração e assumimos como casal a missão de anunciar a beleza da sexualidade como Deus pensou. É lindo ver que o Catecismo da Igreja Católica incentiva os cônjuges a se procurarem e não se afastarem um do outro, mostrando que faz bem procurar o prazer do sexo e gozar. Ficamos impressionados com a ousadia das palavras que a própria Igreja utiliza para promover o que Deus criou, portanto, o casal deve procurar esse prazer.

4. Muito mais que ficar questionando sobre quais e quantas posições sexuais são permitidas, o casal deve conversar sobre a beleza da sexualidade, sempre lembrando que a união sexual deve fazer bem para ambos. É necessário ter limites, para que "a sexualidade continue sendo fonte de alegria" e não fonte de tristeza. Ambos precisam ter coragem de falar para o outro sobre os desejos sexuais que não lhe fazem bem. Outro fator importante: o ser humano nunca se dá por satisfeito, sempre quer mais, parece que nunca se dá por contente. Isso mostra que é essencial o casal conquistar a harmonia conjugal. Para manter-se nos limites é fundamental a vivência da castidade.

5. O Criador de todas as coisas designou a união sexual para o homem e a mulher. Quando o casal aceita viver

desse jeito, estão provando fidelidade ao projeto que Deus pensou. Deus criou o corpo e a união sexual para proclamar o Seu próprio mistério eterno de amor.

E quando o sexo é deixado de lado?

Nós sempre escutamos: no tempo do namoro é um fogo; depois do casamento, isso se perde. É verdade que a vida de casado é diferente da vida de solteiro, o ritmo de vida é diferente, o trabalho, os filhos em casa. Pode ser que, no decorrer do tempo de casados, em meio a todas essas situações, o distanciamento e o esfriamento da relação foi acontecendo, "o fogo apagou", como muitos dizem. Nessa situação, o que fazer?

O primeiro passo é acreditar, não deixe a esperança acabar. Sabemos que se trata da vida íntima do casal, mas buscar ajuda médica, psicológica e espiritual é o segundo passo.

Este questionamento é um bom ponto de partida: Como está a relação sexual do casal?

Normal: Tem acontecido...
Light: Às vezes, de vez em quando...
Zero: Já faz um bom tempo que não acontece...

A partir dessas respostas, ambos devem sugerir o que fazer para reconquistar a vida sexual. Independente do ponto em que se encontram, vale a pena conversar para se reencontrarem.

Não é necessário buscar ajuda em revistas de mulher pelada e vídeos pornográficos. A Bíblia e o Catecismo trazem conteúdos que nos orientam e nos formam.

> *"A sexualidade está ordenada para o amor conjugal entre o homem e a mulher. No casamento, a intimidade corporal dos esposos se torna um sinal e um penhor de comunhão espiritual. Entre os batizados os vínculos do matrimônio são santificados pelo sacramento."*
> *(Catecismo da Igreja Católica, 2360)*

A evolução do sexo como mercadoria

Antigamente, a famosa casa da luz vermelha ficava às escondidas, à beira da estrada, num canto da cidade. Era o famoso bordel, destinado à prostituição, era o prostíbulo, lugar da devassidão e da libertinagem.

A casa da luz vermelha se transformou em casas de eventos e boates, situadas em bairros nobres de grandes capitais. São ambientes onde acontecem apresentações de *strip-tease*, suingue e show erótico.

Para atrair e trazer vários públicos, esses lugares também se transformam em outras opções: balada alternativa para jovens casais e o clube das mulheres para as noivas em despedida de solteira. Tudo isso com muita música e muita bebida.

Antes, a casa da luz vermelha ficava às escondidas, mas agora, através da internet, do computador e do celular, está dentro das casas e nos ambientes de trabalho.

De maneira digital, o mercado do sexo vai progredindo pelos sites, blogs, páginas de sexo, canal de vídeo e também loja virtual. Cada vez mais o mercado do sexo tem saído da clandestinidade. É uma indústria que movimenta fortunas e tem se estruturado para ser um negócio legalizado. Nesse processo de avançar e se tornar mais fácil o acesso, o mercado do sexo acontece de várias maneiras: eventos, palestras, livros, consultorias e lojas *sex shop*. Pessoas de várias idades, solteiros e casados, à procura de saber como apimentar o sexo, estão indo atrás desse mercado para descobrir a satisfação e o prazer.

O nosso objetivo não é fazer você pensar no lucrativo mercado do sexo como uma oportunidade para ganhar dinheiro, e sim pensar nas consequências para o agora e para as gerações futuras.

O mercado do sexo, que deseja cada vez mais propagar a fornicação (relações pré-matrimoniais), o adultério (traição, infidelidade), o comportamento homossexual, não pode se tornar uma opção de negócio nem de consumo para os casais cristãos, isso é uma aberração, pois dissemina o que é contrário aos valores de Deus. Essa maneira devastadora se espalha através de imagens pornográficas e alimenta a luxúria no coração e na mente do homem e da mulher.

De mensagem em mensagem, de imagem em imagem, a destruição do verdadeiro significado do sexo vai acontecendo.

Aceitar que a evolução do mercado do sexo entre em nossa casa significa viver o relativismo, a insensibilidade e o caos moral. Em outras palavras, é se deixar levar pela evolução do pecado, que nos aprisiona e escraviza.

É fundamental que marido e mulher olhem um para o outro e vejam aquilo que é mais sagrado no mundo: o corpo e o sexo. Esse direcionamento ajuda o casal a pensar na beleza que Deus criou.

> *"Tragicamente, muitos cristãos crescem a pensar no seu corpo (sobretudo na sua sexualidade) como obstáculo inerente à vida espiritual. Muitos pensam que a doutrina cristã considera o seu espírito bom e o seu corpo mau. Pensar assim não pode estar mais longe de uma verdadeira perspectiva cristã! Na verdade, a ideia de que o corpo humano é mau não passa de uma heresia (erro gritante explicitamente condenado pela Igreja), conhecida por maniqueísmo (...) O corpo e o sexo são preciosos. O Cristianismo não rejeita o corpo!"*
> *(São João Paulo II – Teologia do corpo)*

É lindo ver que a Igreja apresenta o corpo e o sexo como algo valioso. A melhor maneira de proteger essa preciosidade é não destruir os valores nos quais Deus pensou: o casamento e a família.

Está na hora de marido e mulher darem um basta, chega de procurar a satisfação e o prazer fora do casamento. A partir do momento que se pensa e se vive a sexualidade fora dos ensinamentos de Deus, manchamos a beleza que o Criador criou.

Deus criou o sexo para ser vivido entre o homem e a mulher dentro do casamento, portanto, o casal precisa conversar sobre o que está sendo mais profanado.

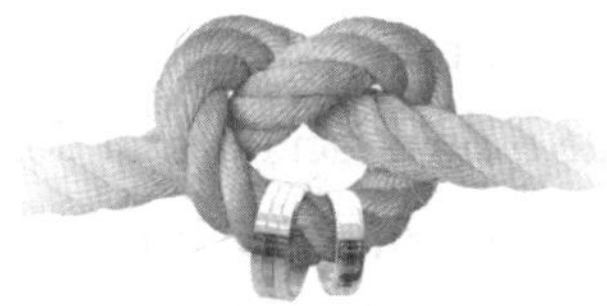

Matrimônio como sinal humano do Amor de Deus

"Cada sacramento tem um sinal físico específico que comunica a realidade espiritual da graça que significa."

O SINAL FÍSICO DO BATISMO – o banhar uma pessoa com água – comunica real e verdadeiramente uma limpeza espiritual da alma da pessoa, no que diz respeito ao pecado original. Então, qual é o sinal do sacramento do Matrimônio que comunica a graça do Amor de Deus ao casal?

Simplificando um debate bastante complexo, é possível reconhecer que, ao longo dos séculos, desenvolveram-se duas escolas de pensamento. Muitos teólogos consideram a troca de votos (consentimento matrimonial) como sinal do Matrimônio. Outros ensinam que a consumação do Matrimônio pela relação sexual é esse sinal.

Com efeito, demonstrando a relação integral entre os votos matrimoniais e o ato sexual, João Paulo II afirma que ambos os pontos de vista estão corretos, desde que se mantenham devidamente unidos entre si.

Ele observa que o sinal sacramental do Matrimônio é um dentre muitos conteúdos: começa com a troca de consentimentos, é consumado na relação sexual e fica gravado nos próprios esposos ao longo de toda a sua vida de casados. O que é que faz do marido e da mulher um sinal sacramental do amor divino e espiritual de Deus? Os seus corpos e aquela uma só carne em que se tornam.

Lembram-se da tese do Papa? O corpo, de fato, e só o corpo, é visível, mas ele tem a capacidade de tornar visível aquilo que é invisível: o espiritual e o divino. Somente nesse contexto podemos entender o matrimônio como um sinal sacramental. Daí que, se os votos matrimoniais exprimem uma linguagem do coração – uma linguagem do espírito –, tem de haver uma correspondente linguagem do corpo.

A linguagem do corpo – Teologia do corpo

Todos nós sabemos que podemos falar sem proferir uma palavra sequer, mediante a linguagem dos nossos corpos. Um aceno de mão diz olá ou adeus. Um encolher de ombros diz não sei. Um punho erguido exprime cólera. E a relação sexual? O que ela pretende exprimir? Qual é a sua verdadeira linguagem, o seu verdadeiro significado?

Segundo São João Paulo II, a união corporal de um homem e de uma mulher pretende exprimir o amor divino. É a isso que somos chamados e é por isso que ansiamos. Nada inferior a isso alguma vez poderá satisfazer o nosso anseio mais profundo. Sabemo-lo no coração.

Precisamente aqui, na consumação do seu sacramento, os esposos devem participar da forma mais plena no grande mistério do amor divino, da união de Cristo com a Igreja (cf. Efésios 5,31-32).

Quer o realizem quer não, esse é o poder sacramental da linguagem dos seus corpos, como o Papa exprime candidamente: através de gestos e reações, ao longo de um completo dinamismo de tensão e prazer – cuja fonte direta é o corpo na sua masculinidade e feminilidade, o corpo na sua ação e interação. É precisamente ao nível dessa linguagem do corpo que o homem e a mulher se exprimem reciprocamente a si próprio da forma mais plena e profunda, que lhes é permitida pela sua masculinidade e feminilidade.

É exatamente a isso que a noiva e o noivo se comprometem diante do altar. O sacerdote ou o diácono pergunta-lhes: "Viestes aqui de livre vontade e sem reservas para vos entregardes um ao outro em matrimônio? Prometeis ser fiéis até a morte? Prometeis receber os filhos com amor, das mãos de Deus?". A noiva e o noivo respondem, individualmente, que sim.

Os esposos também devem dar esse mesmo sim com o corpo, a partir do momento que se tornam uma só carne. De fato, segundo o Papa, as próprias palavras "recebo-te por minha mulher (por meu marido)" só podem ser cumpridas mediante a relação conjugal. Através da relação conjugal, passamos a realidade que essas palavras exprimem. Tanto um elemento quanto o outro são importantes em relação à estrutura do sinal sacramental.

Com efeito, é na relação conjugal que as palavras das promessas do matrimônio se tornam carne. É aí que os homens e as mulheres devem encarnar o amor divino. É maravilhoso quando um casal renova, na Igreja, as suas promessas, celebrando um aniversário especial, mas isso não nos deve fazer esquecer do fato de que cada vez que um casal – marido e mulher – tem relações, ele está renovando as suas promessas matrimoniais mediante a linguagem dos seus corpos.

Se os homens e as mulheres quiserem evitar as ciladas do falso amor e viver a sua vocação em plenitude, a sua união deve exprimir o mesmo amor livre, total, fiel e frutífero que Cristo exprime e parece distinguir-se por quatro qualidades particulares: primeiro, Cristo entrega o Seu corpo livremente – "*a minha vida ninguém me tira, mas sou eu que a ofereço livremente*" (João 10,18); segundo, Ele entrega o Seu corpo totalmente, sem reservas, condições ou cálculos egoístas – "*Ele levou o seu amor por eles até ao extremo*" (João 13,1); terceiro, Ele entrega o Seu corpo fielmente – "*Eu estarei sempre convosco*" (Mateus 28,20); e quarto, Ele dá o Seu corpo fazendo-o frutificar – "*Eu vim para que tenham vida*" (João 10,10).

A consequência natural que Deus pensou quando criou o sexo é a procriação. Deus não pensou em adultério/traição, no marido traindo a sua esposa ou vice-versa, nem na procriação acontecendo homem com homem ou mulher com mulher. Deus pensou no homem e na mulher para cooperar na procriação, e assim se realiza a continuidade da espécie humana.

Tratando sobre o procriativo, queremos destacar dois pontos:

1. Deus quis criar uma grande multidão, o Todo Poderoso não precisava de mais ninguém, mas Ele quis contar com o homem e a mulher para serem os procriadores.

2. Todo ato sexual tem como finalidade a procriação? Como já dissemos, o ato sexual tem dupla finalidade: unitiva e procriativa. A fecundidade é um dom e o amor tende a ser fecundo por natureza. A Igreja nos ensina que "qualquer ato matrimonial deve permanecer aberto à transmissão da vida" (CIC, 2366).

Um ato conjugal intencionalmente estéril entre esposos não está de acordo com a finalidade procriativa do casamento nem com os aspectos verificados a respeito da validade do sacramento, que são: liberdade, abertura à vida e que seja até que a morte os separe, além de se tratar de um ato egoísta por parte dos cônjuges, por não se permitirem participar do poder criador e da paternidade de Deus (cf. Ef 3,14; Mt 23,9).

É diferente do programar, planejar, espaçar os filhos, porém existe a abertura para gerar uma nova vida, um fruto desse amor. Mais adiante falaremos um pouco mais a respeito desse planejamento.

Outra questão: Querem ter filhos e não conseguem engravidar, o que fazer? A Igreja nos orienta a buscarmos a medicina para estimular a fertilidade e, caso não obtenham êxito, que se abram à generosidade adotando crianças ou prestando serviço aos irmãos (CIC, 2379).

E quando só um quer ter filhos (ou marido ou esposa)? Voltamos a dizer que a fecundidade é um dos pilares do casamento. Sem ele, por opção de uma das partes e/ou dos dois, é questionável a validade dessa união. A própria "fórmula" do consentimento nos lembra disso: "estais dispostos a receber amorosamente os filhos como dom de Deus e educá-los segundo a lei de Cristo e da sua Igreja?". Por esse motivo os cônjuges precisam estar bem acertados entre si.

E o planejamento familiar? A nossa intenção neste livro é trazer a beleza da sexualidade na vida do casal e também esclarecer o pensamento da Igreja a este respeito, que por muitas vezes é deturpado. O sexo dentro do casamento é belo e puro, e a Igreja como mãe nos ensina que, *"por razões justas, os esposos podem querer espaçar os nascimentos de seus filhos. Cabe-lhes verificar que seu desejo não provém do egoísmo, mas está de acordo com a justa generosidade de uma paternidade responsável. Além disso, regularão seu comportamento segundo os critérios objetivos da moral" (CIC, 2368).*

A Igreja não é proibitiva, mas orienta o casal a viver a conjugalidade de maneira integral. Por isso indica também os métodos naturais como meio para o planejamento familiar: *"A continência periódica, os métodos de regulação da natalidade baseados na auto-observação e no recurso aos períodos infecundos estão de acordo com os critérios objetivos da moralidade. Estes métodos respeitam o corpo dos esposos, animam a ternura entre eles e favorecem a educação de uma liberdade autêntica..." (CIC 2370).*

Lembrando que esse método, assim como a vida conjugal em geral, só é possível se vivido de comum acordo entre os cônjuges. Casos especiais devem ser conversados com o pároco local.

"Pela união dos esposos realiza-se o duplo fim do matrimônio: o bem dos cônjuges e a transmissão da vida. Esses dois significados ou valores do casamento não podem ser separados sem alterar a vida espiritual do casal e nem comprometer os bens matrimoniais e o futuro da família. Assim o amor conjugal entre o homem e a mulher atende à dupla exigência da fidelidade e da fecundidade."
(Catecismo da Igreja Católica, 2363)

O casal deve estar aberto à vida e ter os filhos que Deus lhes deseja dar. Mas, além de tê-los, é necessário também educá-los segundo os valores da fé. É assim que Deus pensou na família! Cuidado para não entrar na onda do mercado do sexo, escolha o seu verdadeiro significado.

Restaurar a ordem do amor

Só existe uma forma de começar a restauração do amor: pela nossa casa. A missão de Cristo consiste em restaurar a ordem do amor num mundo gravemente corrompido pelo pecado. Antes de olhar para outros casais e fazer comparações, ambos devem olhar um para o outro e falar: "Vamos começar tudo de novo, confiantes que Jesus quer restaurar a ordem do amor".

Uma coisa é começar sem as orientações de Deus sobre o amor e o sexo, outra é recomeçar sendo guiado por quem nos criou. Isso faz toda a diferença.

Equilibrar-se no Amor Redentor de Cristo

Durante a travessia da vida, marido e mulher precisam ter a consciência de que necessitam ser curados, pois ambos trazem uma história e experiências sexuais. Algumas situações podem parecer simples para quem está de fora, mas para quem as viveu tornam-se complicadas e angustiantes. Por exemplo, quando alguém é assediado com intenções sexuais, isso pode ter consequências para a vida toda – tristeza, aborrecimento, desgosto, dor, infelicidade.

Mesmo que no passado a sua sexualidade tenha sido vivenciada de um modo errôneo, as atribulações da vida não podem nos desequilibrar a ponto de ficarmos caídos no erro de pensar que o sexo é feio, sujo e pecaminoso; ao contrário, precisamos acreditar que esse trauma pode ser curado.

"Ninguém – sejam quais forem as suas distorções – está fora do alcance do amor."
(São João Paulo II – Teologia do corpo)

Equilibrar-se no amor redentor de Cristo é essencial para progredirmos na caminhada de restauração. *Sim, é possível continuar a vida de maneira nova!*

É preciso escolher caminhar pela via do amor redentor de Cristo, é isso que nos coloca em equilíbrio e nos dá estabilidade, segurança e autocontrole. Outro ponto fundamental é continuar a vida sempre confiando que Jesus restaura a pureza do nosso coração na sua originalidade.

Na caminhada da vida, a busca pela santidade deve ser a meta do casal. Marido e mulher precisam olhar um para o outro e ver seres humanos e não seres divinos. O marido precisa olhar para a sua esposa e ver a pessoa que ama, e não um objeto descartável.

A esposa deve ser verdadeira com o seu esposo e dizer: "Isso que você faz não convém e não me faz bem". O casal não deve fechar os olhos um para o outro e permitir que vivam no erro.

"O casamento não justifica a concupiscência. Não faz com que seja bom usar a própria esposa. Eu sei que isto já se tornou um lugar comum, mas porque é que tantas mulheres se queixam de dores de cabeça quando os seus maridos querem ter relações? Se uma mulher costuma ser usada pelo seu marido, é perfeitamente compreensível que se esquive. O abraço sexual deveria ser imagem e expressão do amor divino. Tudo o que seja menos do que isso é um sucedâneo que não só não nos satisfaz como nos magoa terrivelmente."
(São João Paulo II – Teologia do corpo)

Todos nós estamos sujeitos a tratar o outro como um objeto de satisfação, é uma tendência desordenada e fruto do pecado, porém não podemos deixar que essa tendência se oponha ao domínio que temos de nós mesmos. O sexo no casamento precisa ser belo, puro e sagrado; pensar e viver desse jeito significa caminhar na via da santidade.

A redenção do Cristo pode mudar a sua vida, até mesmo os seus desejos sexuais. Por outras palavras, a morte e a ressurreição de Cristo são eficazes para mudar o nosso coração. É importante saber que a plenitude da redenção está reservada para o céu, mas, desde agora, podemos decidir pela pureza no coração.

Renovar é regressar

"O futuro da humanidade passa pelo matrimônio e pela família." (cf. FC 11)

Não haverá renovação da Igreja e do mundo sem uma renovação do matrimônio e da família. Também não haverá renovação do matrimônio e da família sem um regresso à verdade do plano de Deus para o corpo e para a sexualidade.

A palavra *"regressar"* parece negativa, mas não é. Ela significa voltar ao ponto inicial. São João Paulo II convida o homem e a mulher a regressar, a voltar ao plano que Deus pensou no começo. Para renovar é preciso regressar ao projeto original de Deus sobre o corpo e a sexualidade.

"O regresso ao plano original de Deus para a união dos sexos é o único ponto de partida adequado para a construção de uma cultura que respeite o significado e a dignidade da vida humana."
(São João Paulo II – Teologia do corpo)

Por isso assumimos com responsabilidade a missão de espalhar essa mensagem de regresso, renovação e esperança. Como casal, temos a missão de desmistificar a vivência do sexo como algo feio, sujo, pecaminoso, ele é assim quando utilizado fora dos planos de Deus. Porém, quando utilizado segundo Deus planejou, ele é belo, puro e sagrado. A verdade liberta!

Decidimos contar a nossa história e repassar para as pessoas aquilo que experimentamos e que mudou a nossa vida (conjugal, sexual), apresentando a vivência concreta da sexualidade humana e a sua beleza conforme Deus a criou!

A redenção do Cristo mudou a minha vida, mudou o meu coração

Testemunho Cleto Coelho

Quero começar dizendo sobre a mudança que aconteceu comigo. Em maio de 1994, no ano em que a Seleção Brasileira de futebol conquistou o tetracampeonato mundial nos Estados Unidos, o amor incondicional de Deus transformou o meu coração.

Foi um encontro em que Jesus Cristo me conquistou ao marcar um golaço de amor no meu coração e mudá-lo completamente. Por várias vezes testemunhei que a minha vida tem um antes de Cristo e um depois de Cristo, pois antes Dele minha vida se resumia em sexo, drogas e rock.

O encontro com o Amor de Deus não só me retirou do mundo das drogas como também reorganizou os verdadeiros valores dentro da minha pessoa. O valor da sexualidade foi um dos que foi reorganizado. Nunca imaginei que um dia iria escrever um livro juntamente com a minha esposa, falando sobre o projeto de Deus que é o casamento e a família.

Aos vinte e cinco anos de idade, eu não me via em condições de ter uma esposa nem de educar filhos. Casar e formar uma família parecia algo difícil e distante. Eu não conseguia guiar a minha própria vida, não conseguia mirar uma vida de fidelidade para uma única mulher nem me via em condições para dar educação moral e cristã aos meus filhos, isso se resultava numa conclusão, sem perspectiva de ser bom esposo e bom pai. Por isso, além da mudança que aconteceu no meu coração a respeito das drogas, com a qual eu decidi romper, outra escolha foi preciosa, decidi viver guiado pela virtude da castidade.

Em agosto de 1996, comecei a namorar a Carla e fomos guiados pela castidade até o dia do nosso casamento. Casamos em 1997 e temos três filhos: Rebeca, Davi e Sofia. Hoje, mesmo em meio a um mundo que luta contra o projeto de Deus, que é a família, eu consigo ver que a fidelidade, a procriação e a educação fazem parte da nossa vida.

Em primeiro lugar, eu preciso reconhecer que foi através de Jesus que aconteceu o resgate da pureza no meu coração, pois, durante o meu tempo de solteiro, eu a tinha perdido. Depois, através de vários encontros de evangelização e de boas leituras, eu fui aceitando ser reorganizado interiormente e, desse jeito,

Deus foi recuperando no meu coração o valor da sexualidade, e eu fui me deixando guiar pelas orientações Dele.

Todos os dias tenho feito essa experiência. Mudar o coração significa experimentar a liberdade. Acredito que o que aconteceu comigo pode acontecer na vida de muitas pessoas.

O nosso casamento tem um antes e um depois

Testemunho Carla Astuti

Eu sempre fui uma adolescente ativa. Comecei a trabalhar com 15 anos e, por conta disso, fui ficando "independente" na vida social. Dedicava-me bastante à vida noturna, saídas para barzinhos, shows, "pegas" e baladas. Nunca fui de beber, por causa de traumas familiares, e como fui criada em um lar católico, tinha os valores morais muito bem formados dentro de mim. Nas situações que atingiam o limite da "moralidade", acendia uma luz amarela dentro de mim com a imagem dos meus pais. Isso me fazia repensar algumas atitudes.

Namorei bastante, mas casei-me com trinta anos e virgem. A princípio penso que por medo, respeito aos meus pais, porém mais tarde percebi que era por convicção de que viver a castidade até o casamento era necessário, até mesmo para me entender melhor.

A minha formação sexual foi vivida ouvindo, como cúmplice, as experiências das minhas amigas com o sexo, drogas etc.

Próximo ao casamento, entrei em pânico: como seria minha noite de núpcias? Estava na "moda" fazer como Sarah e Tobias, ou seja, ficar três dias em oração antes de consumar o casamento. A princípio era uma saída, porém, mais próximo do meu casamento, fui sendo convencida por Deus que esse não era o meu caso. Passei a vida me "guardando" para meu marido e agora ia protelar mais? Não!

Deveria enfrentar a situação até mesmo como cura. Sim, cura! Para mim, até então o sexo era feio, pecaminoso, sujo e uma obrigação. Vivi dessa maneira até o sétimo ano de casamento, no qual já tínhamos a Rebeca e o Davi, e não suportava a ideia de ter mais filhos.

Até que fizemos a experiência de um encontro para casais com o Pe. Léo. Descobri o mundo do casamento! Minha visão sobre sexo foi totalmente mudada. Descobri a beleza da sexualidade humana assim como Deus a criou, sem tabus e preconceitos, que na verdade surgem quando a sexualidade é vivida fora do sacramento do matrimônio.

Eu costumo dizer que o nosso casamento tem um antes e um depois das palavras libertadoras do Pe. Léo. E o maior sinal desse tempo novo foi a minha abertura à vida e disponibilidade de ter outro filho. Assim veio a Sofia e o compromisso de proclamar aquilo que descobri: a sexualidade humana como fonte de alegria e prazer!

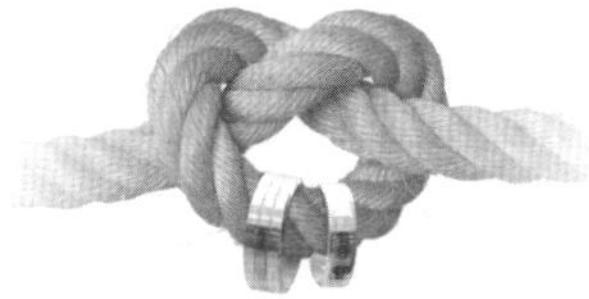

Recuperar o valor da sexualidade

Para recuperar o valor da sexualidade precisamos começar pela nossa vida! Quando marido e mulher decidem recuperar esse valor, a consequência é o transbordamento na vida dos filhos. O significado da palavra transbordar é espalhar-se em torno, ultrapassar os limites. Se nós, casais, queremos levantar um povo disposto a construir uma cultura de vida, então precisamos recuperar nas nossas próprias casas o valor da sexualidade. Assim se realiza a ação que podemos chamar de *Juntos Somos Mais.*

Quando vemos um noticiário sobre uma doença que contém infecção e que está se espalhando numa região e pode atingir uma nação, ficamos preocupados e começamos a pensar em prevenção, com o objetivo de não deixar crescer a contaminação. Deveríamos fazer a mesma coisa com o pecado. Para se proteger do pecado é preciso ter iniciativa, é preciso romper o silêncio e falar sobre o sexo, a começar pelo seu significado verdadeiro.

É preciso dar uma guinada, dar um salto, sair do lado negativo e apresentar o lado positivo do sexo. Chega de ficar recebendo, através das mídias, o jeito errado de viver a sexualidade. Enfim, é urgente que se mostre pelo menos uns dez pontos positivos e belos sobre o sexo.

Nem é preciso apontar os pontos negativos. Não basta só silenciar quando somos questionados a respeito da sexualidade nem somente dizer não pode ou não faça; é necessário romper o silêncio e abrir o caminho. O melhor jeito é explicar para os nossos filhos o caminho.

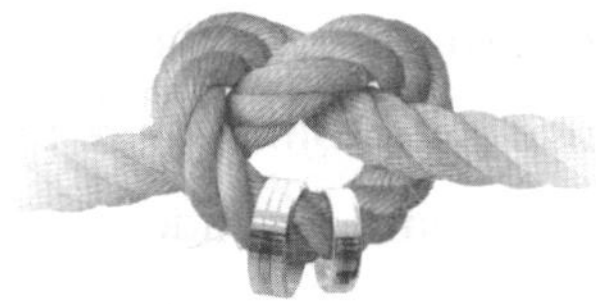

Conversar sobre sexo

"Converse sobre o sexo. Que grande ponto de partida para a evangelização, esse tema interessa a toda gente!"
(São João Paulo II – Teologia do corpo)

PODEMOS AFIRMAR QUE ENTRE nós houve um grande crescimento, no que diz respeito ao diálogo sobre o sexo. Afinal, por que esse assunto que é tão falado pelos meios de comunicação se torna no nosso casamento o diálogo mais desafiador?

Não foi de uma hora para outra que começamos a conversar com facilidade sobre esse assunto; pelo contrário, observamos que foi uma conquista nossa. No casamento, é necessário dialogar sobre vários temas, mas conversar sobre o sexo merece uma atenção especial entre o casal. Marido e mulher precisam estar alinhados sobre o valor da sexualidade dentro do matrimônio; enfim, conversar sobre o sexo significa proteger a sua família.

No nosso caso, Deus uniu no Sacramento do Matrimônio duas histórias bem diferentes: o Cleto, que viveu uma sexualidade totalmente bagunçada; e a Carla, que se casou virgem. Uma coisa é fazer o sexo, outra coisa é conversar sobre o ato conjugal, que abrange compromisso e responsabilidade.

A nossa vida matrimonial tem sido um constante crescimento, e temos a consciência de que esse processo não pode parar. É importante que o nosso relacionamento conjugal cresça sempre. Assim, pensamos que vale a pena contar um pouco da nossa história.

Deus uniu duas pessoas diferentes, Cleto e Carla, e no período do namoro e noivado vivenciamos a castidade, mas no casamento conversar sobre o sexo foi o mais desafiador para nós.

No namoro, quando a coisa esquentava sexualmente entre nós, cada um ia para a sua casa, essa era uma maneira de evitarmos o sexo antes do casamento. Mas, ao nos casarmos, passamos a morar na mesma casa e a dormirmos na mesma cama, porém ainda não imaginávamos a beleza que era crescer a dois debaixo do mesmo teto. Duas pessoas que trouxeram para o casamento histórias e pensamentos diferentes, mas que, acima de tudo, decidiram crescer juntos. Então, os limites de cada um foram, e ainda são, vencidos por meio do amor e do respeito mútuo.

Para melhorar a nossa intimidade conjugal, dois pontos foram essenciais: crescer no bate-papo a respeito da sexualidade e deixar ser revelado em nós a verdade de Deus sobre o mistério do corpo e do sexo no casamento. Portanto, a conversa sobre o sexo entre o casal deve acontecer de maneira espontânea e natural. Sim, o motivo de escrevermos este livro é desmistificar o sexo como algo feio, sujo e pecaminoso. Queremos revelar o sexo como algo belo, puro e sagrado.

A leitura – da Bíblia, do Catecismo da Igreja Católica, dos documentos da Igreja e de bons livros – contribuiu muito para o nosso crescimento como casal. São leituras que nos ajudam a compreender, viver e partilhar o verdadeiro significado do sexo e a entender como Deus pensou quando criou o sexo masculino e o feminino. A consequência natural da criação do sexo foi a união e a procriação.

Entender a sexualidade baseada na fé é extremamente esclarecedor, pois viver no casamento aquilo que a Igreja propõe sobre o sexo é viver na liberdade.

Qual é o tempo certo para falar sobre sexo com os filhos?

A matéria de uma revista sobre o lucrativo mercado do sexo nos chamou a atenção. Enquanto estamos, de maneira lenta, tentando evoluir na conversa sobre o sexo dentro de casa, os investidores do mercado do sexo estão bem adiantados para construir um parque temático erótico. Eles desejam atrair pessoas no Brasil e na América Latina com o objetivo de lucrar muito dinheiro. Pai e mãe são aqueles que devem ser os educadores dos seus filhos, portanto precisam estar atentos às armadilhas que o mundo oferece para pensarem junto com os filhos sobre os planos que são elaborados por homens e mulheres no mundo e ensiná-los a discernir o que são planos de Deus.

Não falar sobre sexo com nossos filhos significa deixá-los expostos aos perigos. Conforme os filhos perguntam, os pais devem responder! Ou apresentamos em casa o verdadeiro significado do sexo e o ensinamos de acordo como Deus pensou, ou deixamos a internet e a mídia mostrarem a sexualidade de maneira pornográfica e descartável; afinal, não podemos deixar que a pornografia e a cultura do descartável acertem a cabeça e o coração dos nossos filhos.

O casal precisa estar alinhado sobre o valor da sexualidade humana para depois falar com os filhos. O mais importante, claro, é o seu testemunho, pois, através dele, os pais podem passar lições de vida que permanecerão para as futuras gerações. Conversar sobre a beleza e o significado do sexo com os nossos filhos também deve acontecer de maneira espontânea e natural; afinal, é um pedido de São João Paulo II, que disse que é preciso romper com o silêncio e conversar sobre o sexo.

Para conversar sobre o sexo deve-se pensar no corpo humano. Tudo o que Deus criou é maravilhoso, e ficamos admirados com a beleza que é o homem e a mulher, ficamos impressionados com a grandeza que é o corpo humano, que pode ser estudado em três partes distintas: cabeça, tronco e membros. Cada peça do corpo humano tem a sua função, e quando pensamos nos quatro elementos que formam essa obra – inteligência, consciência, vontade e liberdade –, ficamos impactados com o quão valioso é o ser humano.

Em nosso nascimento, além do corpo, Deus nos deu muitas coisas, e por causa da correria não paramos para analisar sobre as preciosidades que ganhamos. Deus não pensou no homem e na mulher para serem usados, amassados e jogados fora, *cada filho e filha de Deus tem valor eterno!*

Gostamos de pesquisar o significado das palavras, pois nos enobrece e nos faz querer viver com mais sentido a nossa vida. Poderíamos falar a respeito de vários pontos do ser humano, mas vamos pensar nessas quatro peças – inteligência, consciência, vontade e liberdade –, que podem contribuir abundantemente na vida de muita gente.

1. Inteligência: é a capacidade de resolver as dificuldades apresentadas pela vida. É uma pessoa esperta, hábil, perspicaz, viva, prudente e sensata. Mas essa mesma inteligência pode nos levar para o buraco, o fundo do poço.

2. Consciência: Juízo na cabeça. Uma pessoa que raciocina faz uso da razão para conhecer, julgar, calcular e pensar que o ser humano é formado de espírito, alma e o corpo.

3. Vontade: desejo, decisão, propósito, espontaneidade, gosto e objetivo; enfim, a pessoa tem determinação para superar os obstáculos da vida.

4. Liberdade: autonomia, livre-arbítrio; enfim, toda a humanidade recebeu de Deus a liberdade para viver. O ser humano tem a liberdade e seus próprios desejos dentro de si, mas é preciso discernir o que é vontade de Deus e o que é vontade própria.

Além dessas quatro peças, Deus disponibiliza a *castidade* para nos ajudar a viver no meio de uma sociedade secularizada. Assim, orientados pelos ensinamentos da Igreja, podemos retomar a vida nas nossas próprias mãos sempre. Por isso o bate-papo entre pais e filhos sobre sexo é um bom caminho para transmitirmos a eles os valores cristãos. Então, o que fazer com essas preciosidades que ganhamos do nosso Pai do Céu? Devemos utilizá-las para o bem ou para o mal?

Como viver a castidade no casamento?

Viver a castidade dentro do casamento não significa viver sem sexo. A castidade representa um conjunto de benefícios, a começar pelo respeito que um tem pelo outro e a valorização da pessoa que você ama. Sim, ao longo dos dias, o casal experimenta a estabilidade conjugal por meio da castidade, assim tem sido a nossa experiência. Viver desse modo dá solidez para o casamento.

Veremos alguns benefícios que a castidade promove na vida matrimonial:

1. Respeitar o outro. Assim os cônjuges não se tratam como objeto descartável, que usa e põe de lado.

2. Valorizar a pessoa que está ao seu lado, pois o ser humano é templo do Espírito Santo.

3. Equilibrar a necessidade sexual; afinal, nem sempre os dois vão querer ter relação sexual, por diversos motivos,

às vezes um quer e o outro não. Ter esse entendimento é essencial, pois é a partir dele que acontece o equilíbrio de ambas as partes. Não é sempre que o marido procurar, que a mulher vai querer e vice-versa. Os dois precisam encontrar o equilíbrio.

4. Estabilizar o casamento ao invés de desestabilizar. Para que o relacionamento conjugal tenha solidez é importante que o casal esteja de acordo sobre o bem que é a sexualidade, então, é fundamental que marido e mulher acertem os ponteiros e se encontrem de comum acordo para viverem a beleza que é a vida sexual dentro do casamento.

5. Encontrar o seu cônjuge no leito conjugal e ter relação sexual. Esse ato é exclusivo e sagrado. Sim, é exclusivo! E não pode ser compartilhado com outro homem, nem com outra mulher, é próprio do casal para um determinado fim: unir ou procriar. O sexo é belo, puro e sagrado!

6. Crescer na fidelidade, no amor e no respeito deve ser a meta do casal para a vida toda, assim, marido e mulher conseguem superar as crises que são próprias do casamento, e unidos na meta conseguem vencer as etapas, pois a vida matrimonial tem os períodos de adaptação e de amadurecimento, portanto, seguem juntos e cres-

cem na maturidade, porque o maior projeto dos dois é o casamento.

7. Purificar a cabeça, o coração e o olhar.

8. Fazer algo: pedalar, ler um bom livro, podar um jardim, regar uma planta, lavar uma louça, lavar o carro etc.

9. Proteger o seu casamento pela virtude da castidade é um caminho seguro contra tudo que prejudica a união matrimonial e a família e também contra as doenças sexualmente transmissíveis.

10. Conversar, conversar e conversar.

A integridade da pessoa

A pessoa casta mantém a integridade das forças vitais e de amor depositadas nela. Esta integridade garante a unidade da pessoa, e se opõe a todo comportamento que venha a feri-la; não tolera nem a vida dupla nem a linguagem dupla. A castidade comporta uma aprendizagem do domínio de si, que é uma pedagogia da liberdade humana. A alternativa é clara: *ou o homem comanda suas paixões e obtém a paz, ou se deixa subjugar por elas e se torna infeliz.*

A dignidade do homem exige que ele possa agir de acordo com uma opção consciente e livre, isto é, movido e levado por convicção pessoal e não por força de um impulso interno cego ou debaixo de mera coação externa. O homem consegue esta dignidade quando, libertado de todo cativeiro das paixões, caminha para o seu fim pela escolha livre do bem e procura eficazmente os meios aptos com diligente aplicação.

Aquele que quer permanecer fiel às promessas do Batismo e resistir às tentações empenhar-se-á em usar os meios: o conhecimento de si, a prática de uma ascese adaptada às situações em que se encontra, a obediência aos mandamentos divinos, a prática das virtudes morais e a fidelidade à oração.

A castidade, com efeito, nos recolhe, reconduzindo-nos à unidade que perdemos quando nos dispersamos na multiplicidade. A virtude da castidade deve ser comandada pela virtude cardeal da temperança, que tem em vista impregnar de razão as paixões e os apetites da sensibilidade humana.

O domínio de si mesmo é um trabalho a longo prazo. Nunca deve ser considerado definitivamente adquirido. Supõe um esforço a ser retomado em todas as idades da vida. O esforço necessário pode ser mais intenso em certas épocas, por exemplo, quando se forma a personalidade, durante a infância e a adolescência.

A castidade tem leis de crescimento, o qual passa por graus, marcados pela imperfeição e muitas vezes pelo pecado. Dia a dia o homem virtuoso e casto se constrói através de opções numerosas e livres. Assim, ele conhece, ama e realiza o bem moral seguindo as etapas de um crescimento. A castidade representa uma tarefa eminentemente pessoal. Mas implica também um esforço cultural, porque o homem desenvolve-se em todas as suas qualidades mediante a comunicação com os outros.

A castidade supõe o respeito pelos direitos da pessoa, particularmente o de receber uma informação e uma educação que respeitem as dimensões morais e espirituais da vida humana. A castidade é uma virtude moral. É também um dom de Deus, uma graça, um fruto da obra espiritual. O Espírito Santo concede o dom de imitar a pureza de Cristo àquele que foi regenerado pela água do Batismo (Catecismo da Igreja Católica).

A oração do Pai Nosso que Jesus ensinou para os discípulos nos ajuda a pensar se a nossa vida é conduzida pela *vontade de Deus* ou pela *vontade própria.*

"Pai Nosso que estais nos céus, santificado seja o vosso Nome, venha a nós o vosso Reino, seja feita a vossa vontade assim na terra como no céu. O pão nosso de cada dia nos dai hoje, perdoai-nos as nossas ofensas assim como nós perdoamos a quem nos tem ofendido, e não nos deixeis cair em tentação, mas livrai-nos do Mal."
(Mt 6,9-13)

Precisamos fazer da oração do Pai Nosso verdadeiramente um projeto de vida. Que a nossa vontade humana esteja submetida à vontade do céu!

PARTE IV
Hierarquia de valores

Harmonia conjugal

Filhos, projeto de Deus

No que diz respeito à paternidade e à maternidade, segue abaixo um breve relato, conscientes de que somos aprendizes e marinheiros de primeira viagem. Porém, mesmo com a nossa pequenez, queremos contribuir com um texto dedicado às mães, mas que deve ser lido com atenção também pelos pais!

Ser mãe é padecer no paraíso

Carla Astuti

Ser mãe é padecer no paraíso... Tantas vezes ouvi esse ditado. Será que essa interpretação é ruim? A expressão padecer traz essa conotação negativa e pesada, mas, na verdade, não é bem assim. As mães vivem um certo desconforto desde a gestação (enjoos, azia, inchaço); no parto, com suas dores próprias; depois, nos primeiros dias, a adaptação e interpretação do choro, o sono e o cansaço... São situações reais que parecem eternas pela intensidade, mas, de repente, passam, e alguns meses depois, o padecimento é outro: voltar ao trabalho e deixar o filho; afinal, ninguém vai saber cuidar do filho como a mãe. Doce ilusão!

Mais adiante, a entrada na escola. Quem será o professor? Será que vai acompanhar? O que vai comer no lanche? Quem serão os colegas? E se alguém bater no meu filho? Nós insistimos em viver a vida dos filhos e com isso padecemos, pois não temos o mesmo entendimento das crianças.

E quando chega a adolescência? Nossa! A vida é um ciclo, aí entra outra fase, só mudam as preocupações. Filho criado, trabalho dobrado. Mas, e aquilo que plantamos na educação deles, não valeu a pena?

As mães de hoje são, na sua maioria, frutos da geração de transição do feminismo e do sexo, drogas e rock. Anterior a nós, houve a geração de pais que acreditavam que a liberdade era a melhor opção de educação para os filhos, vivendo o "é proibido proibir". Achar o equilíbrio não é fácil.

Hoje, já percebemos que os limites são necessários na formação do ser humano, por isso, às vezes, dar um não ao filho chega a ser um padecimento. Sabemos que ele (a) queria muito tal coisa ou tal situação, mas, naquele momento, não é o melhor, e isso gera um certo desconforto no relacionamento entre mãe e filho (a). Aí, mais do que padecer, é compadecer, é sofrer. Mesmo estando consciente da decisão tomada, não gostamos de ver o filho triste. Mais uma vez, apesar de toda intensidade, veremos que passa!

Assim como nós hoje, neste papel de mãe, reconhecemos e aceitamos a postura que as nossas mães tiveram conosco e pensamos: elas estavam certas. Olhando tudo isso, parece que o ditado está certo: ser mãe é padecer no paraíso. Agora é preciso dizer que tudo isso vale a pena! Veja bem, vale a pena e não valeu ou está valendo. Ser mãe vale por toda a vida.

Parabéns a todas as mães, avós, tias, madrinhas, sogras que, de uma forma ou de outra, são mães em nossa vida!

A presença, a realização, as conquistas, as alegrias, as tristezas de um filho não têm preço. Este é o nosso paraíso: a maternidade! As mães são capazes de abrir mão, renunciar a várias coisas na vida, somente não conseguem renunciar à maternidade, essa é inegociável!

Maria, Mãe de Jesus e da Igreja, nos ensine e conduza na vivência da maternidade segundo o coração de Deus!

Progredir no diálogo em família

Como todo adulto, temos vários projetos, pessoais e profissionais. Com isso, corremos o risco de não olharmos para os nossos filhos como um projeto de vida. Na correria do dia a dia, é essencial que estes três verbos façam parte do ambiente familiar: parar, conversar e pensar.

Pais e filhos precisam progredir no diálogo em família, principalmente sobre o sexo. Apresentar o valor da sexualidade é uma linda missão. Educar é um ponto desafiador, um trabalho para a vida toda. Em casa ensinamos aos nossos filhos que a vida é simples, então descomplicar a vida faz parte do nosso jeito de educar. Mostramos que a família pensada por Deus se fundamenta num tripé: casar, ter filhos e educar. Sempre recordamos que foi Deus quem criou o sexo masculino e o sexo feminino e que a procriação humana é projeto de Deus.

Conversar com os filhos sobre educação sexual com uma linguagem esclarecedora é um lindo desafio e também uma dificuldade. Uma verdadeira educação sexual deve conter estes assuntos: matrimônio, maternidade, procriação e família. Os pais devem instruir os filhos sobre a beleza que é o projeto de Deus. Esses são ensinamentos que os filhos (as) precisam escutar no ambiente familiar.

Esse é um desafio e uma dificuldade, porque pais e filhos são bombardeados pelos meios de comunicação social, que deformam, modificam, alteram e mudam o significado do sexo, porém os pais devem falar sobre o verdadeiro significado da sexualidade. De um lado, a mídia apresenta a cultura do ser humano objeto, a cultura do descarte, ou seja, oferece-lhes campanhas de sexo seguro e relações livres; enfim, sem compromisso com ninguém, o que importa é desfrutar e ter prazer. Do outro lado, a Igreja apresenta um programa de vida que oferece conteúdos que ajudam a proteger as famílias dos ataques contra um bem de grande importância: a sexualidade.

Esse programa de vida é um programa formativo, pois o trabalho de educação sobre o significado do sexo se realiza em cada etapa no ciclo da vida, por isso a importância de se ter um itinerário formativo que contribui na vida da pessoa e na vida familiar. Ao longo da caminhada, os pais têm a linda missão de transmitir para os filhos verdadeiros valores. Assim a Igreja Católica apresenta conteúdos que ajudam a percorrer as diversas estações da vida. Pais e filhos devem pensar juntos para não se confundirem diante dos vários conteúdos que são apresentados pela mídia.

Temos consciência da nossa pequenez no que diz respeito a educar os nossos filhos, somos aprendizes, estamos aprendendo a ser pai e mãe. Como fazemos? Conversando!

Há uma crise que não podemos deixar que se estabeleça em nossas casas: *a crise do pensamento.* O jeito como temos desenvolvido o ensinamento de nossos filhos é levando-os a pensar.

- *Ambientes* – pensar nos ambientes que eles frequentam ou que podem frequentar. Além dos ambientes externos, pensar também sobre os conteúdos que os meios de comunicação levam para o ambiente familiar.

- *Moda* – pensar na moda, no pudor, na modéstia. Pensar no falar, no agir, no vestir. Os pais devem vigiar certas modas e certas atitudes imorais para que não violem a integridade da casa.

- *Música* – pensar no conteúdo que as letras das músicas transmitem.

- *Consumismo* – pensar no consumismo.

- *Castidade* – pensar na virtude da castidade significa pensar num programa de vida, num itinerário que se pretende seguir por toda a vida. Os filhos precisam entender o significado da castidade, tão preciosa, para colocá-la em ação desde crianças. Nas diversas etapas da vida, é bom apresentar aos filhos a importância do valor da castidade, dando-lhes motivos de que vivê-la vale a pena e que viver o contrário significa caminhar pela via da tristeza, pois a castidade, em qualquer estado de vida, é portadora da alegria. Os pais devem preparar os filhos para um casamento cultivando em seu coração o valor da castidade. É essencial conduzir os filhos nesse modo de pensar. Todas as vezes que escutamos um estudante dizer: para que aprender química e física? Onde e quando vou usá-las?, lembro-me da virtude da castidade, que pode parecer careta e chata, mas que é útil para a vida toda, até na viuvez.

- *Esperar* – pensar no verbo esperar é valioso. Estes três verbos – esperar, renunciar e sacrificar – parecem que sumiram das conversas de família, porém são essenciais nesse itinerário formativo. A castidade como virtude não pode existir sem a vontade pessoal. Quando se tem um porquê, colocamos a nossa força de vontade e assim temos ânimo e decidimos esperar, renunciar e sacrificar a vida por esse motivo. Por que optar por viver a castidade?

- *Sexo gera vida* – conversamos com os nossos filhos sobre diversos pontos: drogas, corrupção, profissão etc. Dentre os muitos assuntos que falamos, uma frase tem se destacado por diversas vezes: "Sexo gera vida!".

Os pais precisam se fundamentar em critérios e estabelecer valores, assim os filhos são educados com sentido crítico e podem gerir sua própria vida, valendo-se de seus princípios. Exercitar os verdadeiros valores em casa ajuda os filhos a estarem aptos para tomar suas próprias decisões de acordo com seus padrões de conduta moral e cristã, sem que haja influência de amizades e outros aspectos exteriores, como por exemplo, a faculdade. Sempre vale lembrar que cada filho (a) tem o livre arbítrio e que cada um é um.

Ao invés de colocar os filhos numa redoma para protegê-los de maneira exagerada, leve-os a pensar. Na vida dos filhos devemos imprimir valores perenes, para que nas idas e vindas, durante cada percurso, independente de onde estejam, eles possam se nortear. É necessário seguir a ordem da razão iluminada pela fé, assim pais e filhos não ficam perdidos nem desprotegidos.

Os pais devem ajudar os filhos a seguir em frente no ciclo da vida, apresentando-lhes um itinerário formativo. Não sabemos se os filhos vão viver o programa de vida que a Igreja propõe. O importante é que os pais façam a parte que lhes cabe: educar, lembrando sempre que o melhor jeito de comunicar é testemunhando, e não dando aula.

Outra coisa também é importante: caso os filhos não queiram viver o que foi ensinado, tenha a certeza de que tudo ficou semeado no seu coração. Cabe aos pais regar com a oração essa semente, acreditando sempre na conversão do filho. Vamos pensar em alguns exemplos.

Os pais cristãos devem testemunhar para os filhos a fidelidade de Deus, o qual é sempre presente e jamais nos abandona. A melhor maneira para transmitir o valor da castidade para os filhos é sendo exemplo para eles. O testemunho de fidelidade na aliança conjugal se torna formação na vida dos jovens.

Os filhos precisam ver que os pais são abertos à vida, que desejam ter os filhos que Deus quer lhes dar. Além de acolher a vida, outro ponto é fundamental: a carreira profissional e as diversas ocupações dos pais não podem comprometer o tempo da diversão e o diálogo da família. Estar presente na vida dos filhos precisa fazer parte dos compromissos da agenda dos pais.

Os testemunhos de vida dos pais devem apresentar, de maneira objetiva, o que é certo e o que é errado, indicando que o caminho moral e cristão é seguro para trilhar a vida.

Os cônjuges devem sempre olhar para a mesma direção!

Dialogar e estar aberto ao perdão são fundamentais. De que adianta estreitar laços de amizade com tanta gente, se em casa marido e mulher estão desunidos? É importante que os laços sejam feitos primeiramente em casa!

Outro ponto que merece cuidado são as "fugas". Às vezes, os cônjuges estão bem nos vários aspectos da vida, mas o casamento está cheio de pendências e questões que não foram resolvidas.

É preciso buscar o diálogo rápido e a conversa. Não deixe que no lugar do diálogo entre o *diábolo*, o divisor, o Diabo, que semeia estes verbos: desunir, separar, desarmonizar e pôr em desacordo o casal. O diálogo fortalece a união conjugal através do amor, da fidelidade, da lealdade e do perdão, pois, caso falte alguns desses aspectos, a relação conjugal e familiar será comprometida.

Fala-se muito de fidelidade, sinceridade, lealdade. Procuramos todos esses valores no outro e desejamos que eles sempre estejam presentes nas relações, por mais superficiais que sejam – na compra e venda, na relação funcionário e patrão, na amizade, na política. Mas será que agimos com esses valores com a pessoa que está ao nosso lado? Se ninguém quer ser enganado e traído, por que agimos assim? Quando se diz que marido e mulher devem viver a fidelidade um com o outro, isso se torna ultrapassado?

Está na hora de marido e mulher serem fiéis com o seu cônjuge. Chega de desejar outros parceiros e parceiras. Seja exclusivo do seu cônjuge no pensar e no agir. *Isso é fidelidade!*

Olhar para o projeto inicial do casamento é essencial. A vivência do tripé – deixar, unir, formar – parece simples, mas conciliar a vida dos cônjuges nas diversas extensões – espiritualidade, filhos, família, amigos, trabalho, missão – é desafiador!

Marido e mulher não podem se perder em meio aos muitos compromissos e prioridades, então, equilibrar esses vários aspectos da vida conjugal exige que ambos olhem para a mesma direção. O casal precisa ter muito bem definida a hierarquia de valores. Alinhá-la é importantíssimo, pois, do contrário, a consequência é um matrimônio enfraquecido.

Para ir crescendo e fortalecendo o relacionamento matrimonial é fundamental viver a harmonia conjugal. Em todos os lugares que palestramos para casais, semeamos o que aprendemos com o Pe. Léo. Ele dizia: "Acima de tudo deve estar Deus, e Deus precisa ser o centro da nossa vida, pois, sem Deus, a vida se complica". A partir dessa certeza, Pe. Léo nos ensinou uma pedagogia maravilhosa para a vivência do casal, a qual chamamos de hierarquia de valores.

- Acima de tudo: Deus
- 1º lugar: estar bem com o cônjuge
- 2º lugar: estar bem com os filhos
- 3º lugar: estar bem com os familiares, amigos e com a comunidade
- 4º lugar: estar bem com o trabalho e a missão

O Padre Léo nos ensinou que para estar bem nos vários aspectos da vida, marido e mulher precisam estar bem na vida conjugal, que inclui também a vida sexual. O casal necessita ter momentos a sós para conversar, beijar, namorar; enfim, brindar a vida com a pessoa que você escolheu: o seu cônjuge!

Viver desse jeito contribui para a construção de famílias felizes e bem estruturadas. Viver desse jeito desmistifica a vivência do sexo como algo feio, sujo, pecaminoso e o apresenta como a vivência concreta na sexualidade humana e a sua beleza conforme Deus criou. O sexo é belo, puro e sagrado!

É na relação conjugal que as palavras das promessas do matrimônio se tornam carne, é aí que os homens e as mulheres devem encarnar o amor divino. Cada vez que um casal tem relações, ele renova as suas promessas matrimoniais mediante a linguagem do seu corpo.

Um itinerário a seguir

Animar os casais para não acabar com o seu casamento é sempre o nosso objetivo. Por isso deixamos aqui o nosso aprendizado. Não é fácil, não existe uma regra estabelecida ou uma receita pronta. É um caminho a ser percorrido. Aqui deixamos um pouco do nosso caminho e aquilo que tem nos ajudado dia após dia. O objetivo deste livro é repassar para as pessoas aquilo que experimentamos e que mudou a nossa vida.

Primeiramente o casal precisa ter Deus acima de tudo. É essencial viver a confiança em Deus. Depois é preciso entender o casamento e a família como projetos de Deus e o sexo como algo belo e puro.

É preciso também conversar sobre o sexo. Se quisermos construir uma cultura de vida, a tarefa a ser empreendida no século XXI deverá ser a recuperação do significado do sexo. A fidelidade, procriação e educação são métodos que dirigem o casamento. Não haverá renovação do matrimônio e da família se não houver um regresso ao verdadeiro plano de Deus para o corpo e para a sexualidade. Deus criou o ser humano, o corpo e o sexo, por isso a importância de se deixar guiar pelas orientações de Deus sobre o sexo e não pelo que a mídia apresenta. A sexualidade deve ser vivida do jeito que Deus pensou.

É preciso também falar sobre esse assunto com seus filhos. É necessário desenvolver essa partilha a partir dos seus aspectos positivos da beleza, do respeito e do seu verdadeiro significado. Esse assunto precisa ser comunicado mais abertamente. Os pais têm a missão de deixar claro para os filhos que Deus criou o homem e a mulher para o amor. Como queremos construir uma sociedade que não descarta ninguém, se não começarmos pela nossa própria casa? Ajudar a compreender e a viver a sexualidade no seu significado verdadeiro é a nossa missão como pais. Nossos filhos são projetos de vida!

"Deixar, unir e formar" – esse tripé ajuda o casal a sempre recomeçar. Saber ouvir e perdoar é fundamental! O casamento é um grande projeto! Por isso nós, casais fortalecidos pela fé, pelo diálogo e pela alegria da sexualidade vivida de maneira sadia, precisamos assumir com responsabilidade a missão de espalhar essa mensagem de regresso, renovação e esperança: *"O futuro da humanidade passa pelo matrimônio e pela família"*.

Leia também:

Cleto Coelho
PRA
FRENTE!
A vida continua...
Planeta

Tem
Jeito!
Cleto Coelho

As fontes utilizadas no miolo são Futura e Adobe Garamond Pro.
O papel do miolo é Offset $75g/m^2$ e o da capa é Cartão $250g/m^2$.